JENS SCHUMACHER

VERRÜCKTE LÜCKEN

AUSFÜLLEN – VORLESEN – ABLACHEN

TOTAL MAGISCHE FANTASIEGESCHICHTEN

Loewe

VERRÜCKTE LÜCKEN

ist ein durchgedrehtes, ganz und gar unsinniges Textspiel, das man allein oder mit Freunden spielen kann. Die Regeln sind kinderleicht.

SPIELREGELN

Zu Beginn füllst du die Seite WORTVORRAT (vor jeder **VERRÜCKTE LÜCKEN**–Geschichte) aus. Diese Liste sieht immer etwas anders aus.

In jede Zeile setzt du ein Wort der gesuchten Gattung ein.

WICHTIG: Du darfst dir die **VERRÜCKTE LÜCKEN**–Geschichte auf der folgenden Seite noch **NICHT** ansehen!

Zur Erinnerung:

Ein Verb (auch „Tuwort")

Meistens ist die Grundform gefordert, z. B. „rennen", „essen" oder „schwimmen".

Wird das Verb in einer bestimmten Person benötigt, musst du es anpassen, z. B. ER, SIE oder ES „rennt" oder „schwimmt".

TIPP: Verben, die eine konkrete Tätigkeit beschreiben, z. B. „rufen" oder „fliegen", funktionieren am besten. Verben wie „sein" oder „haben" oder zusammengesetzte Verben wie z. B. „anspringen" oder „zurückblicken" führen dazu, dass der Text sich später ein bisschen holprig liest.

Ein Nomen (auch „Hauptwort" oder „Namenwort")

bezeichnet **NAMEN, LEBEWESEN, DINGE** oder **EREIGNISSE** (z. B. „Haus" oder „Fisch").

- Damit die Wörter besser in den Text passen, ist manchmal vorgegeben, ob es **DER, DIE** oder **DAS** sein soll.
- Meistens ist die **EINZAHL** gefordert, manchmal auch die **MEHRZAHL** (z. B. „Häuser" oder „Fische").

Ein Adjektiv (auch „Wiewort")

beschreibt, **WIE** jemand oder etwas ist, z. B. „bunt" oder „dumm".

- Alle anderen Wörter erklären sich von selbst (z. B. Körperteil oder Farbe).
- Sollte ein **LAND** gefragt sein, wähle eines ohne Artikel, z. B. „Deutschland" oder „Indien". (Die Schweiz oder die Türkei scheiden leider aus.)

Hast du alle Felder ausgefüllt, sieht dein WORTVORRAT z. B. so aus:

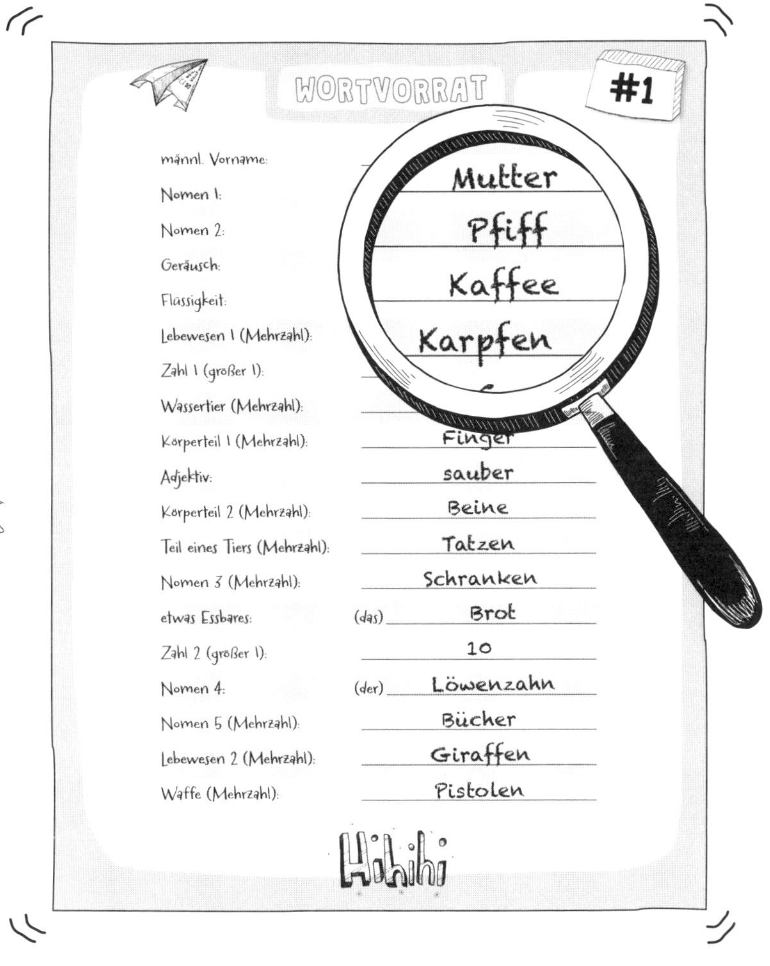

Jetzt darfst du umblättern und beginnen, die VERRÜCKTE LÜCKEN-Geschichte zu lesen.

Schritt 2

#1

DIE GESCHICHTE UNSERER WELT

Lehrer: Dieter (männl. Vorname), wiederhole bitte, was wir in der letzten Stunde darüber gelernt haben, wie das Riesenrad (Nomen 1) auf unserer Mutter (Nomen 2) entstand und wie es sich entwickelte.

Hihi

Schüler: Am Anfang, kurz nach dem Ur-Pfiff (Geräusch), gab es erst mal gar nix. Irgendwann bildeten sich im Kaffee (Flüssigkeit) die ersten Karpfen (Lebewesen 1). Im Verlauf von etwa 5 (Zahl 1) Jahren wurden aus ihnen Wale (Wassertier), noch etwas später wuchsen ihnen dann Finger (Körperteil 1) und sie krabbelten an Land.

Lehrer: Bis jetzt ganz sauber (Adjektiv). Weiter!

Schüler: Die ersten Landbewohner waren Reptilien. Manche hatten lange Beine (Körperteil 2), andere besaßen Tatzen (Teil eines Tiers) und segelten damit durch die Luft. Es gab welche, die fraßen nur Schranken (Nomen 3), andere ernährten sich von Brot (etwas Essbares). Die größten Dinosaurier konnten 10 (Zahl 2) Meter lang werden! Aus einem unbekannten Grund starben sie irgendwann aus. Manche vermuten, ein Löwenzahn (Nomen 4), der vom Himmel auf die Erde fiel, sei dafür verantwortlich gewesen. Säugetiere übernahmen die Herrschaft, die Urahnen vieler heutiger Bücher (Nomen 5) und auch des Menschen entwickelten sich: zottige Affen-Giraffen (Lebewesen 2), die schwere Stein-Pistolen (Waffe) schwangen.

Lehrer: Und was wurde aus diesen Frühmenschen, nachdem sie ihren Pelz abgelegt hatten?

Schüler: Äh … Lehrer?

LOL

Stößt du auf eine Lücke, fügst du an der Stelle das geforderte Wort aus dem WORTVORRAT ein. So entsteht deine ganz persönliche, abgedrehte und in vielen Fällen total unsinnige VERRÜCKTE LÜCKEN-Geschichte.

Spielst du **VERRÜCKTE LÜCKEN** mit deinen Freunden, bitte jeden Mitspieler um ein Wort für den WORTVORRAT – so lange, bis die Liste voll ist.

Ein Mitspieler wird zum Vorleser ernannt, der eure **VERRÜCKTE LÜCKEN**-Geschichte vorliest, indem er die zusammengetragenen Wörter an den jeweiligen Stellen einsetzt.

Wichtig: Sollte es einmal vorkommen, dass ein Satz in einem ausgefüllten Lückentext ein bisschen holprig klingt, z. B. weil die Endung eines Nomens oder ein Verb nicht 100%ig in die Satzstruktur passen, kann es dafür zwei Gründe geben:

a) Du hast ein superungewöhnliches, total krankes Wort gewählt, das wir beim Ausdenken des Lückentexts unmöglich vorhersehen konnten.

b) Obwohl wir alles unternommen haben, sie ein bisschen zu zähmen, verhindert die knifflige deutsche Grammatik hier das reibungslose Funktionieren des Satzes.

So oder so, es ist nicht weiter schlimm. Wir sind hier nicht in der Schule und **VERRÜCKTE LÜCKEN** sollen vor allem eins:

SPAß MACHEN!

Und los geht's!

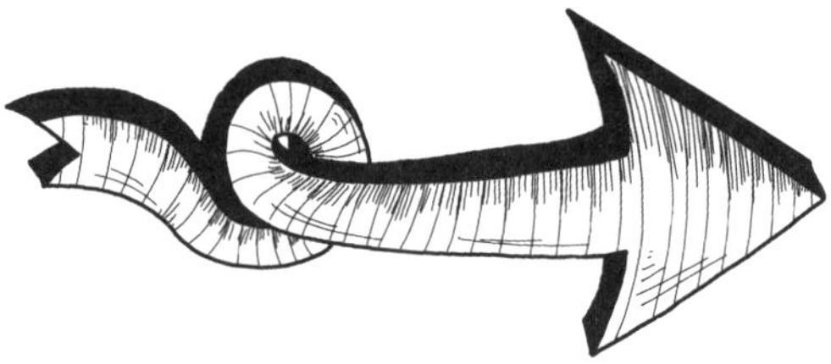

WORTVORRAT

#1

Tier 1: ____________________

Nomen 1: ____________________

Adjektiv: ____________________

Verb 1: ____________________

Fahrzeug: (das) ____________________

Nomen 2 (Mehrzahl): ____________________

Verb 2: ____________________

Verb 3: ____________________

Lebewesen (Mehrzahl): ____________________

Farbe: ____________________

Nomen 3 (Mehrzahl): ____________________

Körperteil 1 (Mehrzahl): ____________________

Tier 2: ____________________

Nomen 4: (der) ____________________

Nomen 5: (das) ____________________

Automarke: ____________________

Körperteil 2: (die) ____________________

Teil des Autos: (das) ____________________

#1

INTERVIEW MIT EINER MEERJUNGFRAU

Interviewer: Wie ist das so, halb ________________ (Tier 1), halb ________________ (Nomen 1) zu sein?

Meerjungfrau: Oh, im Grunde ist es gar nicht ________________ (Adjektiv). Ich kann so schnell ________________ (Verb 1) wie ein ________________ (Fahrzeug). Da ich ________________ (Nomen 2) habe, bin ich sogar in der Lage, unter Wasser zu ________________ (Verb 2). Nur an Land ist es manchmal ein bisschen unpraktisch. Neulich war ich in den Bergen zum ________________ (Verb 3), da habe ich die ganze Reisegruppe aufgehalten.

Interviewer: Wie reagieren ________________ (Lebewesen), wenn sie Ihnen begegnen?

Meerjungfrau: Meistens positiv. Viele bewundern das strahlende ________________ (Farbe) meines Haars oder den Glanz meiner ________________ (Nomen 3). Nur selten kommen dumme Sprüche, meine ________________ (Körperteil 1) stünden so weit vor oder ich würde nach ________________ (Tier 2) müffeln.

Interviewer: Wenn Sie einmal heiraten sollten – entscheiden Sie sich dann für einen ________________ (Nomen 4) von der Oberfläche oder einen aus den Tiefen des Meeres?

Meerjungfrau: Einen von oben. Und er soll ein ________________ (Nomen 5) haben! Ich möchte so gern einmal mit einem ________________ (Automarke)-Cabrio vor der Eisdiele vorfahren … Und mit einer ________________ (Körperteil 2) statt Füßen lässt sich das ________________ (Teil des Autos) doch so schlecht bedienen.

WORTVORRAT

#2

männl. Vorname:		______
Nomen 1:	(das)	______
Nomen 2:	(die)	______
Nomen 3:	(das)	______
Element:		______
Adjektiv 1:		______
Nomen 4:	(das)	______
Fabelwesen:	(der)	______
Verb:		______
Körperteil 1:	(das)	______
Nomen 5 (Mehrzahl):		______
Nomen 6 (Mehrzahl):		______
Körperteil 2 (Mehrzahl):		______
Waffe:	(die)	______
Körperteil 3:	(der)	______
Flüssigkeit:		______
Adjektiv 2:		______
Zahl (größer 1):		______

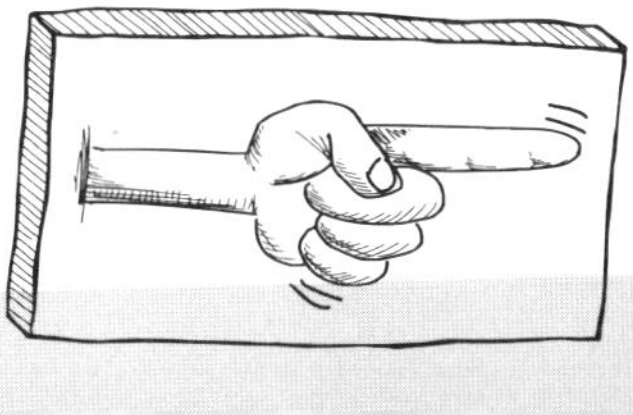

#2

BERICHT EINES DRACHENTÖTERS

Eure Hoheit! Am heutigen Tag begab ich, ____________________ , mich wie be-
männl. Vorname

fohlen hinaus in die Wildnis, um das fürchterliche ____________________ zu erschlagen,
Nomen 1

welches Eure holde ____________________ entführt hatte. Ohne Mühe spürte ich die Kreatur
Nomen 2

auf. Kaum hörte sie mich, schoss sie auch schon aus dem finsteren ____________________
Nomen 3

hervor, in dem sie hauste, und spie ____________________ gegen mich!
Element

____________________ sprang ich beiseite und zog mein treues ____________________ .
Adjektiv 1 — Nomen 4

Als der ____________________ das sah, musste er so heftig ____________________ , dass er
Fabelwesen — Verb 1

darüber fast erstickte. Doch dann riss er sein furchtbares ____________________ auf und
Körperteil

griff an. Ich kämpfte tapfer, doch meine ____________________ prallten wirkungslos
Nomen 5

gegen seine stahlharten ____________________ .
Nomen 6

Zu allem Überfluss breitete die Bestie jetzt ihre ____________________ aus und erhob
Körperteil 2

sich in die Luft! Ich nahm meine ____________________ vom Rücken, lud, zielte und schoss.
Waffe

Ich traf meinen Gegner direkt in den ____________________ , worauf er tot zu Boden
Körperteil 3

stürzte. Sogleich badete ich in dem See von ____________________ , der aus ihm hervor-
Flüssigkeit

sprudelte, denn dies soll bekanntlich ____________________ machen. Zu guter Letzt
Adjektiv 2

befreite ich die holde ____________________ aus der Gefangenschaft. Ich denke,
Nomen 2, s. o.

Hoheit, die versprochenen ____________________ Goldstücke sollte Euch meine Heldentat
Zahl

allemal wert sein!

WORTVORRAT

#3

Nomen 1: (das) ______________________

Zahl (größer 1): ______________________

Süßigkeit (Mehrzahl): ______________________

Abschnitt des Tages: ______________________

Nomen 2: (das) ______________________

Sinnesorgan (Mehrzahl): ______________________

Adjektiv: ______________________

Tier 1: (das) ______________________

Verb 1: ______________________

Nomen 3: (der) ______________________

Material: (das) ______________________

Körperteil (Mehrzahl): ______________________

Verb 2: ______________________

Tier 2: (das) ______________________

#3

HALTUNG UND PFLEGE EINES PEGASUS

Schritt 1: *Fangen*

Wie jedes andere Tier lässt sich der Pegasus mit einem ganz normalen ____________________ (Nomen 1) fangen. Man sollte allerdings darauf achten, dass man sich zuvor mit einem Gewicht von mindestens ____________________ (Zahl) Kilogramm am Boden verankert. Andernfalls findet man sich schnell hoch in der Luft wieder.

Schritt 2: *Zähmen*

Hat man einen Pegasus gefangen, sollte man zunächst versuchen, sein Vertrauen zu erringen. Als hilfreich haben sich hierfür ____________________ (Süßigkeit) erwiesen, die der Pegasus für sein Leben gern frisst. Darüber hinaus kann man ihm jeden ____________________ (Abschnitt des Tages) ein leises ____________________ (Nomen 2) in die ____________________ (Sinnesorgan) singen. Schon bald wird das Tier ____________________ (Adjektiv) sein wie ein ____________________ (Tier 1).

Schritt 3: *Reiten*

Natürlich will man als stolzer Pegasus-Besitzer auch mal ____________________ (Verb 1). Hierbei sollte man darauf achten, einen ____________________ (Nomen 3) aus echtem ____________________ (Material) zu verwenden. Keinesfalls darf er die zarten ____________________ (Körperteil) des Tiers einklemmen, sonst kann es nicht mehr richtig ____________________ (Verb 2)! Beachtet man dies, so reitet sich der Pegasus wie jedes andere ____________________ (Tier 2). Guten Flug!

WORTVORRAT

#4

Nomen 1: (die) ____________________

Tier (Mehrzahl): ____________________

Körperteil 1: (der) ____________________

Fabelwesen (Mehrzahl): ____________________

Nomen 2: (die) ____________________

Verb 1: ____________________

Adjektiv: ____________________

Nomen 3: (das) ____________________

Verb 2: ____________________

Kleidungsstück (Mehrzahl): ____________________

Körperteil 2 (Mehrzahl): ____________________

Nomen 3: (das) ____________________

Nomen 4 (Mehrzahl): ____________________

Nomen 5: (die) ____________________

Farbe: ____________________

ärgerlicher Ausruf: ____________________

#4

BEIM FRISÖR

(THEATERSTÜCK FÜR ZWEI PERSONEN)

Frisör: Guten Tag, meine ____________________ (Nomen 1).

Medusa: Hallo. Ich bräuchte dringend einen neuen Look.

Frisör: Kein Problem, lassen Sie mal sehen. Äh, gnädige Frau …

Sie haben ja ________________ (Tier) statt Haaren auf dem ______________________ (Körperteil 1)!

Medusa: Natürlich. Ich bin schließlich die Königin der ______________________ (Fabelwesen)!

Frisör: Ach so. Ja. Natürlich. *(Er zückt eine* _____________________ (Nomen 2) *und will Medusas Schopf* __________________ (Verb 1) *.)* AUTSCH!

Medusa: Was ist? Sind Sie zu ____________________ (Adjektiv) für diesen Job?

Frisör: So ein kleines ____________________ (Nomen 3) hat mich gebissen! AUA! Schon wieder!

Medusa: Herrje! Warum tragen Sie denn beim ___________________ (Verb 2) auch keine ____________________ (Kleidungsstück)? So kann das ja nichts werden.

Frisör: *(starrt entsetzt seine* ______________________ (Körperteil 2) *an)* Sind diese kleinen ____________________ (Nomen 4) etwa giftig?

Medusa: Woher soll ich das wissen? Mich beißen sie ja nicht. Also, wird das jetzt was mit der neuen ____________________ (Nomen 5) oder nicht?

Frisör: Ich fürchte, unter diesen Bedingungen … *(wird plötzlich ganz* __________________ (Farbe) *im Gesicht und fällt bewusstlos zu Boden)*

Medusa: *(erhebt sich kopfschüttelnd)* _______________________ (ärgerlicher Ausruf)! In diesen Laden komme ich nie wieder.

WORTVORRAT

#5

Zahl (größer 1): ______________________

Nomen 1 (Mehrzahl): ______________________

Adjektiv: ______________________

erfundenes Wort (Nomen): ______________________

Körperteil 1 (Mehrzahl): ______________________

Körperteil 2 (Mehrzahl): ______________________

Verb 1: ______________________

Verb 2: ______________________

Nomen 2: (die) ______________________

komischer Name: ______________________

männl. Vorname: ______________________

Nomen 3: (der) ______________________

Land: ______________________

Nomen 4: (der) ______________________

Fabelwesen 1 (Mehrzahl): ______________________

Fabelwesen 2 (Mehrzahl): ______________________

Nomen 5: (die) ______________________

Lebewesen (Mehrzahl): ______________________

Nomen 6: (die) ______________________

#5

KLEIN, ABER OHO!

Vor über ____________________ Jahren veröffentlichte ein Autor namens Tolkien einen
Zahl größer 1

Roman mit dem Titel „Der Herr der ____________________ “. Das Buch war
Nomen 1

so ____________________ , dass es in drei Bänden veröffentlicht werden musste. Erzählt
Adjektiv

wird die Geschichte der ____________________ , einer Rasse kleiner, friedfertiger
erfundenes Wort

Wesen. Diese Winzlinge haben dicke ____________________ und große, haarige
Körperteil 1

____________________ , und sie lieben nichts mehr als ____________________ und
Körperteil 2 — Verb 1

____________________ . Dennoch muss ausgerechnet einer von ihnen von zu Hause
Verb 2

ausziehen und die ____________________ retten. Um den bösen Zauberer
Nomen 2

____________________ zu besiegen, muss der junge ____________________ einen
komischer Name — Vorname

magischen ____________________ quer durch ganz ____________________ transportieren.
Nomen 3 — Land

Am Ende der Reise erreicht er einen riesigen ____________________ , in den er das Ding
Nomen 4

werfen soll. Unterwegs trifft er freundliche ____________________ , aber auch höchst
Fabelwesen 1

unerfreuliche ____________________ , und er muss manche ____________________
Fabelwesen 2 — Nomen 5

überstehen.

Die Abenteuer der kleinen Kerle faszinierten so

viele ____________________ , dass sie auch verfilmt
Lebewesen

wurden. Ob es dem Autor gefallen hätte, seine

Schöpfungen zu Lebzeiten auf einer

großen ____________________ zu sehen?
Nomen 6

WORTVORRAT

#6

Nomen 1 (Mehrzahl): ____________________

Name einer Lehrerin: ____________________

Lebewesen: (das) ____________________

Zahl 1 (größer 1): ____________________

Süßigkeit (Mehrzahl): ____________________

Körperteil (Mehrzahl): ____________________

Tier 1: (der o. das) ____________________

Organ (Mehrzahl): ____________________

Tier 2: (der o. das) ____________________

Flüssigkeit: ____________________

Tier 3: (der o. das) ____________________

Nomen 2: (der) ____________________

Adjektiv: ____________________

Küchengerät: (der o. das) ____________________

Nomen 3: (der) ____________________

Verb: ____________________

Farbe: ____________________

Zahl 2 (größer 1): ____________________

Pflanze (Mehrzahl): ____________________

#6

AUS DEM KOCHBUCH EINER HEXE

Das Kochbuch „Schröcklich löckere ______________ [Nomen 1] “ der gefürchteten Schwarzmagierin ______________ [Name einer Lehrerin] empfiehlt für ein deftiges Abendmahl mit sechs bis acht Hexen:

Zutaten

– 1 ______________ [Lebewesen], nicht älter als ______________ [Zahl 1] Jahre

– 30 Familienpackungen ______________ [Süßigkeit]

– 500 g ______________ [Körperteil] vom ______________ [Tier 1]

– 12 ______________ [Organ] vom ______________ [Tier 2]

– 1 Liter ______________ [Flüssigkeit], frisch vom ______________ [Tier 3]

Zubereitung

– Den Hauptgang in einen ______________ [Nomen 2] sperren und mit den Süßigkeiten mästen, bis er schön ______________ [Adjektiv] ist.

– ______________ [Küchengerät] vorheizen.

– Restliche Zutaten in einen ______________ [Nomen 3] geben und ______________ [Verb], bis die Masse schön ______________ [Farbe] wird.

– Hauptgang bei höchster Stufe für ______________ [Zahl 2] Stunden backen.

(Obacht: Während des Garvorgangs nicht von Kindern ins Feuer schubsen lassen!)

– Hauptgang herausnehmen, in feine Scheiben schneiden, fürs Auge ein paar Fliegen-______________ [Pflanze] drüberstreuen – *bon appétit!*

WORTVORRAT

#7

Nomen 1: (die) ______________________

männl. Vorname: ______________________

Beruf: (der) ______________________

Adjektiv 1: ______________________

Nomen 2: (die) ______________________

Zahl (größer 1): ______________________

Adjektiv 2: ______________________

Verb: ______________________

Nomen 3: (das) ______________________

Kleidungsstück: (der o. das) ______________________

Körperteil 1 (Mehrzahl): ______________________

Nomen 4 (Mehrzahl): ______________________

Körperteil 2 (Mehrzahl): ______________________

Flüssigkeit: ______________________

Nomen 5: (die) ______________________

Tier: (der) ______________________

#7

ÜBERRASCHUNG BEI VOLLMOND

In einer besonders finsteren __________ (Nomen 1), als der Mond voll am Himmel stand, nahm __________ (Vorname), der alte __________ (Beruf), seinen Sohn beiseite. „Junge“, sagte er, „du bist nun __________ (Adjektiv 1) genug, es zu erfahren: Über unserer __________ (Nomen 2) lastet ein Fluch! Alle männlichen Nachkommen verändern in dieser Mondphase ihr Aussehen, sobald sie ein Alter von __________ (Zahl) Jahren erreichen. Damit du nicht __________ (Adjektiv 2) bist, wenn es dir das erste Mal widerfährt, will ich es dir heute schon verraten …“ Kaum hatte er dies gesagt, als er auch schon heftig __________ (Verb) musste. Ein lautes __________ (Nomen 3) drang aus seiner Kehle. Sein __________ (Kleidungsstück) platzte auf, seine __________ (Körperteil 1) wurden länger und länger, aus der Haut schoben sich braune __________ (Nomen 4) hervor. Der Vater fiel zu Boden und rollte wild die __________ (Körperteil 2). __________ (Flüssigkeit) rann aus seinen Mundwinkeln.

Irgendwann war die unheimliche __________ (Nomen 5) dann abgeschlossen. Der Junge staunte nicht schlecht: Sein Vater hatte sich in einen Wer-__________ (Tier) verwandelt!

Hihihi

WORTVORRAT

#8

Land: ______________________

weibl. Vorname: ______________________

Nomen 1: (der) ______________________

Körperteil 1: (der) ______________________

Lebewesen: (der o. das) ______________________

Körperteil 2: (der) ______________________

Gebäude: (das) ______________________

Nahrungsmittel (Mehrzahl): ______________________

Adjektiv 1: ______________________

Nomen 2 (Mehrzahl): ______________________

Adjektiv 2: ______________________

Nomen 3: (das) ______________________

Verb 1: ______________________

Verb 2: ______________________

Ort: (der) ______________________

Nomen 4: (das) ______________________

komischer Nachname: ______________________

Fremdwort (Nomen): ______________________

#8

BRIEF EINES MONSTERJÄGERS

Geschätzter Kollege,

wie Sie wissen, befinde ich mich derzeit in ________ (Land). Meine Mission ist es, den Gerüchten um ________ (weibl. Vorname) auf den Grund zu gehen. Dieses mysteriöse Lebewesen, das angeblich hierzulande in einem tiefen ________ (Nomen 1) haust, soll einen ________ (Körperteil 1) wie ein ________ (Lebewesen) haben, außerdem einen enorm langen ________ (Körperteil 2). Manche sagen, es sei riesig wie ein ________ (Gebäude) und seine Leibspeise seien ________ (Nahrungsmittel). Leider ist dieses geheimnisvolle Wesen ausgesprochen ________ (Adjektiv 1). Es zeigt sich nur selten, es gibt kaum brauchbare ________ (Nomen 2) von ihm. Allerdings munkelt man, wenn der Mond ________ (Adjektiv 2) am Himmel stehe, komme das ________ (Nomen 3) aus seinem Versteck, weil es ungestört auf dem Wasser ________ (Verb 1) will. Wenn das stimmt, wäre es nur eine Frage der Zeit, bis wir es ________ (Verb 2) können. Wer weiß, vielleicht kann man das Tier dann schon bald im ________ (Ort) bestaunen?

Wünschen Sie mir ________ (Nomen 4), Herr Kollege!

Hochachtungsvoll, Ihr

Professor ________ (komischer Nachname) vom Institut für ________ (Fremdwort)

WORTVORRAT

#9

Nachname eines Lehrers: ______________________

Wochentag: ______________________

öffentl. Gebäude: (die) ______________________

Nomen 1: (das) ______________________

Nomen 2: (der) ______________________

Material: ______________________

Verwandter: (der) ______________________

Verb 2: ______________________

Sinnesorgan (Mehrzahl): ______________________

Nomen 3 (Mehrzahl): ______________________

Musikinstrument 1: (die) ______________________

Tier 1: (der) ______________________

Musikinstrument 2 (Mehrzahl): ______________________

etwas Ekliges: ______________________

Zahl (größer 1): ______________________

Geräusch: (das) ______________________

Tier 2: (das) ______________________

Körperteil: (der o. das) ______________________

#9

EIN ZAUBERHAFTES KONZERT

Dirigent ____________ (Nachname eines Lehrers) leitete ein großes Orchester. Jeden ____________ (Wochentag) trafen er und die Musiker sich in der ____________ (öffentl. Gebäude) und probten. War ein Stück fertig einstudiert, gab es ein großes ____________ (Nomen 1). Wenn Herr ____________ (Nachname, s. o.) dirigierte, schoss sein ____________ (Nomen 2) im Takt durch die Luft, und das Publikum war begeistert.

Eines Tages entdeckte der Dirigent im Keller seines Hauses einen krummen, aus ____________ (Material) geschnitzten Stab. „Nanu? Der ist bestimmt noch von meinem ____________ (Verwandter)“, dachte Herr ____________ (Nachname, s. o.). „Damit will ich beim nächsten Auftritt ____________ (Verb 2)!“

Gesagt, getan. Doch was war das? Kaum schwang er seinen Fund vor den ____________ (Sinnesorgan) der Musikanten, da geschah es: Grelle ____________ (Nomen 3) stoben aus der Spitze hervor, es blubberte, zischte – und plötzlich hockte vor ihm statt einem Mann mit ____________ (Musikinstrument) ein fetter ____________ (Tier 1)! Eine weitere Bewegung – *zisch*: Anstelle von vier Damen mit ____________ (Musikinstrument 2) lagen da vier braune ____________ (etwas Ekliges)-Häufchen!

Entsetzt ließ der Dirigent sein Werkzeug fallen. Es zerbrach am Boden in ____________ (Zahl) Teile. Ein lautes ____________ (Geräusch) – und alles war wieder wie zuvor.

„Puh, ____________ (Tier 2) gehabt“, dachte der Dirigent.

„Ab sofort wird nur noch mit dem ____________ (Körperteil) dirigiert!“

WORTVORRAT

#10

Gebäude: (das) ______________________

Pflanze (Mehrzahl): ______________________

Nomen 1: (der o. das) ______________________

Nomen 2: (die) ______________________

Nomen 3 (Mehrzahl): ______________________

Nomen 4 (Mehrzahl): ______________________

Verb: ______________________

Möbelstück: (das) ______________________

Nomen 5: (die) ______________________

Adjektiv: ______________________

Nomen 6: (der) ______________________

Teil d. Gesichts 1: ______________________

Teil d. Gesichts 2: ______________________

Körperteil 1: ______________________

Körperteil 2 (Mehrzahl): ______________________

Körperteil 3 (Mehrzahl): ______________________

Nomen 7: (die) ______________________

Nomen 8: (der) ______________________

#10

WIE MAN EINE KÖNIGSTOCHTER FÜR SICH GEWINNT

(ANLEITUNG FÜR EINEN PRINZEN IM HEIRATSFÄHIGEN ALTER)

Schritt 1: Finde ein ____________________ (Gebäude), um welches so dichte ____________________ (Pflanze) wachsen, dass es scheinbar keinen Zugang gibt.

Schritt 2: Schaffe dir einen Zugang! Dies kann durch wildes Hauen mit dem ____________________ (Nomen 1) geschehen oder indem du mit einer ____________________ (Nomen 2) alles in kleine ____________________ (Nomen 3) häckselst.

Schritt 3: Tritt ein. Vergewissere dich, dass sämtliche ____________________ (Nomen 4) des Gebäudes selig ____________________ (Verb). Ist dies nicht der Fall, verlasse diesen Ort wieder – er ist nicht verzaubert, es gibt hier nichts für dich zu holen.

Schritt 4: Durchsuche alles, bis du auf eine Kammer mit einem ____________________ (Möbelstück) darin stößt, in welchem eine schlafende ____________________ (Nomen 5) liegt.

Schritt 5: Prüfe, ob sie ____________________ (Adjektiv) ist. Falls nicht: Verdufte unauffällig und beginne anderswo mit **Schritt 1**. Falls ja: weiter zu **Schritt 6**.

Schritt 6: Gib ihr einen fetten ____________________ (Nomen 6). (____________________ (Teil des Gesichts 1) oder ____________________ (Teil des Gesichts 2) wären angemessene Stellen, von ____________________ (Körperteil 1) oder ____________________ (Körperteil 2) ist eher abzuraten.)

Schritt 7: Erwacht sie und fällt dir glücklich in die ____________________ (Körperteil 3): Mach ihr einen Heiratsantrag! Verpasst sie dir hingegen eine saftige ____________________ (Nomen 7) und schreit, was dir einfiele, sie in ihrem Schönheits-____________________ (Nomen 8) zu stören: Verschwinde und beginne anderswo mit **Schritt 1**.

WORTVORRAT

#11

Nomen 1 (Mehrzahl): ______________________

Zahl 1 (größer 1): ______________________

Adjektiv 1: ______________________

Fabelwesen (Mehrzahl): ______________________

Beruf 1 (Mehrzahl): ______________________

Körperteil (Mehrzahl): ______________________

Verb 1: ______________________

Sinnesorgan: (das) ______________________

Nomen 2: (der) ______________________

Verb 2: ______________________

Zahl 2 (größer 1): ______________________

Tier (Mehrzahl): ______________________

Nomen 3: (das) ______________________

Getränk: ______________________

Nomen 4: (das) ______________________

Raum eines Hauses: (die) ______________________

Beruf 2 (Mehrzahl): ______________________

Zahl 3 (größer 1): ______________________

Adjektiv 2: ______________________

#11

KEINER MAG RIESEN

Die ____________________ (Nomen 1) eines kleinen Königreiches hinter den ____________________ (Zahl 1) Bergen beschwerten sich bei ihrem Herrscher: Ihr Leben sei total ____________________ (Adjektiv 1) geworden, seit so viele ____________________ (Fabelwesen) in der Wildnis um ihre Dörfer und Städte hausten. Die ____________________ (Beruf 1) waren besonders betroffen, weil die gigantischen ____________________ (Körperteil) dieser Geschöpfe ihre Felder zerstörten. Nachts, so hieß es, würden sie so laut ____________________ (Verb 1), dass in den umliegenden Dörfern niemand ein ____________________ (Sinnesorgan) zutat. Und erst ihr ____________________ (Nomen 2)! Ein voll ausgewachsenes Exemplar konnte ____________________ (Verb 2) wie ____________________ (Zahl 2) tote ____________________ (Tier). Eklig!

Der König wollte eine Lösung finden und lud den Anführer des anderen Volkes zu sich ein. KRACH! Kaum war der Gast eingetreten, da wies die Decke bereits ein unschönes ____________________ (Nomen 3) auf. Nachdem die beiden gemeinsam ____________________ (Getränk) getrunken hatten, verspürte der Gast plötzlich ein dringendes ____________________ (Nomen 4). Der König zeigte ihm, wo die ____________________ (Raum eines Hauses) war. Schwerer Fehler! Als der Besucher endlich wieder gegangen war, benötigten die königlichen ____________________ (Beruf 2) ____________________ (Zahl 3) Tage, um alles wieder ____________________ (Adjektiv 2) zu bekommen.

Allmählich konnte der König sein Volk verstehen …

WORTVORRAT

#12

Nomen 1: (die) ____________________

männl. Vorname: ____________________

Verb 1: ____________________

Verb 2: ____________________

Nomen 2: (der) ____________________

Fabelwesen: (der) ____________________

Zahl 1 (größer 1): ____________________

Zahl 2 (größer 1): ____________________

Nomen 3 (Mehrzahl): ____________________

Nomen 4: (das) ____________________

Verb 3: ____________________

Ort: (der) ____________________

Nomen 5: (der) ____________________

#12

BEDIENUNGSANLEITUNG FÜR EINE WUNDERLAMPE

O glücklicher Finder,

bei der ____________________ , welche Ihr in der Hand haltet, handelt es sich nicht
Nomen 1

um einen gewöhnlichen Haushaltsgegenstand! Vielmehr ist sie das Heim von

____________________ , einem mächtigen Zauberwesen, das Unglaubliches
Vorname

____________________ kann. Im Umgang sind jedoch einige Regeln zu beachten:
Verb 1

1) Um den Bewohner Eures Fundstücks herbeizurufen, müsst Ihr dieses zunächst

____________________ , am besten mit einem weichen ____________________ .
Verb 2 — Nomen 2

2) Nun erscheint Euch der ____________________ . Erschreckt nicht: Er kann
Fabelwesen

nahezu jede Gestalt annehmen und bis zu ____________________ Meter groß sein.
Zahl 1

Er wird Euch ____________________ Wünsche freistellen.
Zahl 2

3) Überlegt Eure nächsten ____________________ gut! Viele wurden schon durch
Nomen 3

einen unbedachten Wunsch in ihr Verderben gestürzt. (Verlangt Ihr zum Beispiel

mehr ____________________ , als Ihr tragen könnt, werdet Ihr möglicherweise
Nomen 4

von einer Tonne davon begraben. Wünscht Ihr, ____________________ zu können,
Verb 3

endet Ihr vielleicht hilflos im luftleeren ____________________ . Also Vorsicht!)
Ort

4) Hat er Euren letzten Wunsch erfüllt, kehrt Euer Besucher in seine

____________________ zurück. Versteckt diese daraufhin an einem Ort, wo ein
Nomen 1, s. o.

anderer ____________________ sie finden kann.
Nomen 5

WORTVORRAT

#13

Vorname v. jmd. im Raum: ______________________

Land: ______________________

Adjektiv: ______________________

Zahl (größer 1): ______________________

Abschnitt des Tages: ______________________

Beruf 1: (der) ______________________

Nomen 1: (der) ______________________

Geräusch: (das) ______________________

Nomen 2 (Mehrzahl): ______________________

Körperteil 1 (Mehrzahl): ______________________

Beruf 2: (der) ______________________

Nomen 3: (der) ______________________

Körperteil 2: (der) ______________________

etwas Schweres: (der) ______________________

Material: (der o. das) ______________________

Körperteil 3: (der) ______________________

Tier: (der) ______________________

#13

AUS DEM LOGBUCH EINES KAPITÄNS

30. November 1861:

Kreuzten mit unserem Segelschiff „__________ (Vorname)“ etwa 120 Meilen nordöstlich von __________ (Land). Die See war __________ (Adjektiv), die Temperatur lag bei milden __________ (Zahl größer 1) Grad. Gegen __________ (Abschnitt des Tages) wurde der __________ (Beruf) im Ausguck ganz aufgeregt: Er rief, auf Backbord sei ein gigantischer __________ (Nomen 1) im Wasser zu erkennen. Wir machten gerade gute Fahrt, und bevor ich etwas unternehmen konnte, hatten wir das Ding schon erreicht.

Plötzlich war lautes __________ (Geräusch) zu hören, als klatschten von außen schwere __________ (Nomen 2) gegen den Rumpf. Dann schoben sich dicke, glitschige __________ (Körperteil 1) über die Reling auf das Deck. Ein __________ (Beruf 2) konnte nicht schnell genug fliehen und wurde über Bord gerissen. Die restlichen Männer rannten panisch hin und her, unfähig, einen klaren __________ (Nomen 3) zu fassen. Allein ich behielt einen klaren __________ (Körperteil 2). Ich befahl, den __________ (etwas Schweres) zu Wasser zu lassen. Mein Plan ging auf: Das Gewicht aus massivem __________ (Material) traf unseren Angreifer genau auf den __________ (Körperteil 3). Blubbernd ließ der Riesen-__________ (Tier) das Schiff los und versank wieder in den Tiefen. Wir waren gerettet!

WORTVORRAT

#14

Land: ______________________

Zahl 1 (größer 1): ______________________

männl. Vorname: ______________________

Verb: ______________________

Ort: (die) ______________________

Nomen 1 (Mehrzahl): ______________________

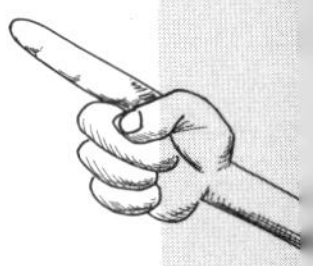

Beruf 1 (Mehrzahl): ______________________

Adjektiv 1: ______________________

Adjektiv 2: ______________________

Nomen 2: (die) ______________________

Teil d. Kopfes: (die) ______________________

Beruf 2 (Mehrzahl): ______________________

erfundener männl. Name: ______________________

Nomen 3: (der) ______________________

Zahl 2 (größer 1): ______________________

Nomen 4 (Mehrzahl): ______________________

Lebewesen (Mehrzahl): ______________________

Beruf 3 (Mehrzahl): ______________________

Adjektiv 3: ______________________

LOL

#14

EIN WELTBERÜHMTER ZAUBERLEHRLING

Vor einigen Jahren verfasste J.K. Rowling, eine Autorin aus ______________ , eine
Land

bemerkenswerte Geschichte. In insgesamt ______________ Bänden erzählte sie
Zahl größer 1

von den Abenteuern eines Jungen namens ______________ , der irgendwann
männl. Vorname

entdeckt, dass er ______________ kann. Er besucht daraufhin eine
Verb

______________ , um zu lernen, mit seiner Gabe umzugehen. Dort findet er unter den
Ort

Schülern zwei gute ______________ und lernt darüber hinaus zahlreiche
Nomen 1

______________ kennen – manche ______________ , andere eher
Beruf 1 / Adjektiv 1

______________ . Es dauert nicht lange, da erfährt er auch die Bedeutung der
Adjektiv 2

gezackten ______________ , die er auf der ______________ trägt.
Nomen 2 / Teil d. Kopfes

Und er lernt, dass er allein gegen den bösesten aller ______________ antreten
Beruf 2

muss: ______________ . Keine leichte Aufgabe für einen einfachen
erfundener männl. Name

______________ !
Nomen 3

Die Bücher waren unglaublich erfolgreich, weltweit wurden über ______________
Zahl 2

Exemplare verkauft. Auch acht ______________ wurden daraus gemacht, die
Nomen 4

ebenfalls unzählige ______________ begeisterten und die beteiligten
Lebewesen

______________ extrem ______________ machten.
Beruf 3 / Adjektiv 3

Und das alles bloß wegen einem Jungen, der ______________ konnte …
Verb, s. o.

WORTVORRAT

#15

Gebäude: (die) ____________________

Zahl (größer 1): ____________________

Tier (Mehrzahl): ____________________

Stadt: ____________________

männl. Verwandter: ____________________

Raum eines Hauses: (der) ____________________

Nomen 1: (das) ____________________

Verb: ____________________

Nomen 2 (Mehrzahl): ____________________

Farbe: ____________________

Fabelwesen (Mehrzahl): ____________________

Süßigkeit (Mehrzahl): ____________________

Adjektiv: ____________________

#15

EIN NICHT GANZ ALLTÄGLICHES VERHÖR

Polizist: Du bleibst also dabei, du seist *nicht* schuld daran, dass die ____________________ (Gebäude) eingestürzt ist und unzählige ____________________ (Zahl) -beinige, rosafarbene ____________________ (Tier) ganz ____________________ (Stadt) überrannt haben?

Junge: Ich schwöre! Alles begann damit, dass ich meinen ____________________ (männl. Verwandter) besuchte. Er fragte, ob ich mir etwas dazuverdienen und seinen ____________________ (Raum eines Hauses) aufräumen wolle. Dabei stieß ich auf dieses uralte ____________________ (Nomen 1) …

Polizist: *(seufzt)* Ach ja, das ominöse ____________________ (Nomen 1, s. o.). Das musstest du natürlich gleich ____________________ (Verb) ?

Junge: *(nickt)* Im Innern waren lauter Zauber-____________________ (Nomen 2). Arglos murmelte ich ein paar davon vor mich hin. Plötzlich machte es PUFF! Vor mir explodierte eine Wolke aus leuchtendem ____________________ (Farbe), und mit einem Mal waren überall ____________________ (Fabelwesen). Es blitzte und krachte, ein Geruch nach ____________________ (Süßigkeit) erfüllte den Raum.

Polizist: Okay, ich habe das mal so notiert. Und wo ist dieses geheimnisvolle Zauber-____________________ (Nomen 1, s. o.) jetzt? Es wäre der einzige Beweis, dass deine Geschichte ____________________ (Adjektiv) ist.

Junge: Oh. Also … Als mein ____________________ (männl. Verwandter, s. o.) sah, was ich angestellt hatte, riss er es in Fetzen und spülte es ins Klo.

Polizist: *(klappt seufzend sein Notizbuch zu)*

WORTVORRAT

#16

Adjektiv 1: ______________________

Tier (Mehrzahl): ______________________

Adjektiv 2: ______________________

Farbe: ______________________

Teil d. Gesichts (Mehrzahl): ______________________

Nomen 1: (die) ______________________

Lebewesen (Mehrzahl): ______________________

Nomen 2: (das) ______________________

Flüssigkeit: ______________________

Verb: ______________________

Nomen 3: (die) ______________________

Nomen 4 (Mehrzahl): ______________________

Körperteil: (der) ______________________

Zahl (größer 1): ______________________

Süßigkeit (Mehrzahl): ______________________

Nomen 5 (Mehrzahl): ______________________

#16

DIE KLOBOLDE

In den Tiefen der Kanalisation, wo es immer ______________________ (Adjektiv 1) ist und schlimmer müffelt als in der Höhle eines Rudels __________________ (Tier), da hausen die Klobolde. Es sind eigenartige Geschöpfe, ______________________ (Adjektiv 2), ___________________ (Farbe) von Kopf bis Fuß und voll hässlicher Warzen. Ihre ___________________________ (Teil des Gesichts) sind länger und spitzer als die jeder anderen Kreatur.

Wie die meisten magischen Wesen beherrschen die Klobolde die Kunst der ______________________ (Nomen 1). Gemein wie sie sind, nutzen sie ihre Fähigkeiten am liebsten, um die ______________________ (Lebewesen) an der Oberfläche zu verulken. Manchmal krabbeln sie in ein unterirdisches ______________________ (Nomen 2) und machen sich dort ganz breit – so lange, bis sich Unmassen ______________________ (Flüssigkeit) aufstauen und ganze Häuser überschwemmt werden. Andere, besonders üble Exemplare ___________________ (Verb) in der WC-______________________ (Nomen 3). Setzt sich jemand darauf, schleudern sie aus der Tiefe Feuer-______________________ (Nomen 4) gegen dessen ______________________ (Körperteil).

Zum Glück gibt es einen Trick, sich zu schützen: Wer __________________ (Zahl)-mal täglich ______________________ (Süßigkeit) ins Klo hinabspült, den verschonen die Klobolde fortan mit ihren ______________________ (Nomen 5). Viel Glück!

WORTVORRAT

#17

männl. Vorname: ____________________

komischer Nachname: ____________________

Verb: ____________________

Abschnitt des Tages: ____________________

Name von jemd. im Raum: ____________________

Tier 1: (das) ____________________

Geräusch 1: (das) ____________________

Name eines Lehrers: ____________________

Farbe: ____________________

Tier 2: (der) ____________________

ausländischer Vorname: ____________________

Nomen 1: (das) ____________________

Nomen 2: (der) ____________________

Nomen 3: (das) ____________________

Nomen 4 (Mehrzahl): ____________________

Flüssigkeit: ____________________

Geräusch 2: (das) ____________________

Fabelwesen: (der o. das) ____________________

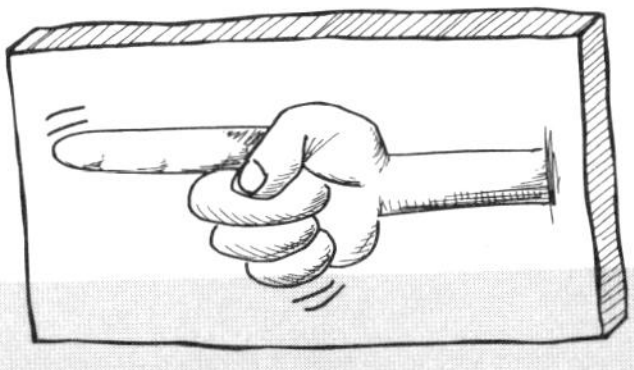

#17

EIN UNGEWÖHNLICHES HAUSTIER

__________ (männl. Vorname) arbeitete als Lehrling bei dem berühmten Zauberer __________ (komischer Nachname). Eines Tages musste der Magier verreisen, da er zu einem Zauberer-Kongress eingeladen worden war. Sein Lehrling blieb allein zu Hause und sollte __________ (Verb).

Am nächsten __________ (Abschnitt des Tages), gleich nach dem Aufstehen, sah der Junge nach den Tieren des Magiers. __________ (Name von jemd. im Raum), das zweiköpfige fliegende __________ (Tier 1), begrüßte ihn mit lautem __________ (Geräusch).

Auch __________ (Name eines Lehrers), dem abscheulich schleimigen, __________ (Farbe)-gelb gepunkteten __________ (Tier 2), ging es gut. Aber was war mit __________ (ausländischer Vorname) los? Der Käfig des Vogels war leer! Nur eine dünne Schicht graues __________ (Nomen 1) bedeckte den Boden. Der Lehrling fegte es in die Mülltonne. Was würde sein __________ (Nomen 2) sagen, wenn er heimkam und sah, dass ein kostbares __________ (Nomen 3) verschwunden war?

In diesem Moment schossen grellrote __________ (Nomen 4) aus der Tonne empor. Hastig füllte __________ (männl. Vorname, s. o.) einen Eimer mit __________ (Flüssigkeit), um den Brand zu löschen. Da vernahm er plötzlich helles __________ (Geräusch 2) – und der vermisste Vogel flatterte ihm quicklebendig entgegen. Endlich begriff er: Das Tier war natürlich ein __________ (Fabelwesen)!

WORTVORRAT

#18

Ausruf: ______________________

Nomen 1 (Mehrzahl): ______________________

Zahl (größer 1): ______________________

Nomen 2: (die) ______________________

Schimpfwort (Mehrzahl): ______________________

Nomen 3: (der o. das) ______________________

Nomen 4: (der) ______________________

Beruf: (die) ______________________

Nomen 5: (der o. das) ______________________

Verb: ______________________

Adjektiv: ______________________

Waldtier (Mehrzahl): ______________________

Krankheit: ______________________

etwas Ekliges: ______________________

Fabelwesen (Mehrzahl): ______________________

#18

FEEN, WIE SIE KEINER KENNT

(EIN GESPRÄCH IM FINSTERSTEN WALD)

Fee 1: ________________ (Ausruf) ! Endlich sind sie wieder weg, diese grässlichen ________________ (Nomen 1) !

Fee 2: Das waren mindestens ________________ (Zahl) Dutzend! Um ein Haar hätten sie unsere verwunschene ________________ (Nomen 2) entdeckt. Was hatte so ein Haufen ________________ (Schimpfwort) bloß in unserem schönen ________________ (Nomen 3) zu suchen?

Fee 1: Vielleicht ein Schulausflug oder so? Was die für einen ________________ (Nomen 4) gemacht haben! *(schüttelt sich angewidert)*

Fee 2: Beruhige dich, wir haben sie ja erfolgreich vergrault. *(kichert)* Hast du gesehen, wie ich die ________________ (Beruf) mit meinem Glitzer-________________ (Nomen 5) vollgepustet habe? Sie musste sofort ganz heftig ________________ (Verb) .

Fee 1: Das war ________________ (Adjektiv) ! Aber mein Einfall, die ________________ (Waldtier) in den Ästen zu verzaubern, sodass sie alle ________________ (Krankheit) bekommen, war auch klasse, oder?

Fee 2: *(lacht)* Und ob! Wie die kleinen Racker gerannt sind, als plötzlich von oben ________________ (etwas Ekliges) herabzuregnen begann!

Fee 1: Diese Nervsäcke werden uns so schnell nicht mehr stören.

Fee 2: Hoffentlich. Auch ________________ (Fabelwesen) brauchen ihre Privatsphäre!

WORTVORRAT

#19

Adjektiv: ____________________

Beruf 1 (Mehrzahl): ____________________

Zahl (größer 1): ____________________

Nomen 1: (der) ____________________

Nomen 2: (die) ____________________

Nomen 3 (Mehrzahl): ____________________

Nomen 4: (der) ____________________

Beruf 2: (der) ____________________

Nomen 5: (der) ____________________

Pflanze (Mehrzahl): ____________________

Nomen 6: (das) ____________________

Fahrzeug: (das) ____________________

Lebewesen 1 (Mehrzahl): ____________________

Verb: ____________________

Lebewesen 2 (Mehrzahl): ____________________

Nomen 7: (das) ____________________

#19

DER MITTELPUNKT DER ERDE

Manche Menschen sind der Ansicht, das Innere unseres Planeten sei

__________________ (Adjektiv). Obwohl __________________ (Beruf 1) schon vor über __________________ (Zahl)

Jahren herausgefunden haben, wie unser __________________ (Nomen 1) entstanden ist und dass

sein Zentrum mit heißer __________________ (Nomen 2) gefüllt ist, fasziniert viele die Vor-

stellung, tief unter dem Boden könnten ebenfalls Menschen leben – oder ganz und gar

fremdartige __________________ (Nomen 3). Ein Autor namens Jules Verne hat darüber vor

langer Zeit einen Roman geschrieben: „Reise zum __________________ (Nomen 4) der Erde“.

Darin beschreibt er, wie ein __________________ (Beruf 2) und seine Begleiter durch einen

erloschenen __________________ (Nomen 5) ins Innere des Planeten vorstoßen. In einem finsteren

unterirdischen Labyrinth stoßen sie auf gigantische __________________ (Pflanze), urzeitliche

Tiere und ein riesiges __________________ (Nomen 6). Als sie dieses mit einem __________________ (Fahrzeug)

überqueren wollen, kommt es zu einem Angriff durch __________________ (Lebewesen 1), welche

die Gruppe um ein Haar __________________ (Verb). Ein Vulkanausbruch schleudert die

Abenteurer schließlich zurück an die Oberfläche.

Was glaubst *du*, was sich im Innern unseres Planeten befindet: wilde __________________ (Lebewesen 2)

oder glutflüssiges __________________ (Nomen 7)?

WORTVORRAT

#20

weibl. Vorname 1:		______________
Verwandte (Mehrzahl):		______________
Farbe 1:		______________
Farbe 2:		______________
Farbe 3:		______________
Farbe 4:		______________
Nomen (Mehrzahl):		______________
Material:		______________
Verb 1:		______________
Adjektiv 1:		______________
Körperteil 1:	(der)	______________
Gebäude:	(das)	______________
Adjektiv 2:		______________
Verb 2:		______________
Fremdwort (Nomen):	(das)	______________
Körperteil 2:	(der)	______________
Zeiteinheit:	(die)	______________
Teil eines Tiers:	(der o. das)	______________
weibl. Vorname 2:		______________

#20

AUF DEM EINHORNHOF

Liebe ______________ (weibl. Vorname 1),

letzte Woche fuhren mich meine ______________ (Verwandte) zum Einhornhof.

Dort gab es Einhörner in ______________ (Farbe 1), ______________ (Farbe 2) gepunktete und sogar ______________ (Farbe 3)-______________ (Farbe 4) gestreifte. Alle hatten prachtvolle, lange ______________ (Nomen), von denen manche glitzerten wie ______________ (Material).

Einige der Tiere durften wir ______________ (Verb 1). Dabei muss man aber gut aufpassen: Auch wenn die meisten völlig ______________ (Adjektiv 1) sind, genügt es schon, wenn sie dich nur leicht mit dem ______________ (Körperteil 1) schubsen, und du landest schwer verletzt im ______________ (Gebäude).

Direkt nach dem Einfangen sind die Einhörner natürlich noch ______________ (Adjektiv 2). Man muss sie erst ______________ (Verb 2). Hierfür veranstaltet man ein ______________ (Fremdwort): Mutige Männer nehmen auf dem ______________ (Körperteil 2) der Tiere Platz und versuchen, sich mindestens eine ______________ (Zeiteinheit) dort zu halten. Gelingt dies, gewöhnt sich das Tier an den Reiter. Wird er vorher abgeworfen, spießt ihn das wütende Einhorn möglicherweise mit seinem ______________ (Teil eines Tiers) auf – autsch!

Ich hoffe, wir besuchen den Einhornhof irgendwann einmal gemeinsam.

Deine

Prinzessin ______________ (weibl. Vorname 2)

WORTVORRAT

#21

Nomen: (das) ______________________

Fabelwesen: (der) ______________________

Verb 1: ______________________

Körperteil 1 (Mehrzahl): ______________________

Körperteil 2 (Mehrzahl): ______________________

Nahrungsmittel: (das) ______________________

Zahl (größer 1): ______________________

Adjektiv 1: ______________________

Pflanze (Mehrzahl): ______________________

Wasserlebewesen (Mehrzahl): ______________________

Lebewesen: (der) ______________________

Körperteil 3: (der) ______________________

Verb 2: ______________________

Adjektiv 2: ______________________

Haustier (Mehrzahl): ______________________

VERRÜCKT!

#21

FUTTER FÜR DEN DRACHEN

Wer hätte gedacht, dass aus dem winzigen ____________________ (Nomen), das du damals im Wald gefunden hast, eines Tages ein waschechter ____________________ (Fabelwesen) schlüpfen würde – und dass er so rasend schnell ____________________ (Verb 1) könnte? Schon sind seine ____________________ (Körperteil 1) länger als deine Finger, und seine aufgespannten ____________________ (Körperteil 2) beschatten den ganzen Hof. Höchste Zeit, sich Gedanken zu machen, womit du dein neues Haustier künftig füttern willst.

Klar: Am liebsten mag dein geschuppter Freund rohes ____________________ (Nahrungsmittel). ____________________ (Zahl) Zentner am Tag dürften genügen. Damit er nicht zu ____________________ (Adjektiv 1) wird, solltest du wöchentlich einen Fastentag einlegen, an dem es nur ____________________ (Pflanze) gibt. ____________________ (Wasserlebewesen) sowie ab und zu mal ein junger ____________________ (Lebewesen) sorgen für Abwechslung und Extra-Vitamine.

Komplizierter wird es, wenn du ein Exemplar erwischt hast, das nicht bloß *einen* ____________________ (Körperteil 3) besitzt, sondern zwei oder drei oder gar noch mehr. Dann kann es nämlich passieren, dass einer eine bestimmte Speise liebt, ein anderer diese aber nicht anrührt. In diesem Fall heißt es: ____________________ (Verb 2), ____________________ (Verb 2, s. o.), ____________________ (Verb 2, s. o.) – irgendwann findest du bestimmt heraus, wie du deinen Hausgenossen satt und ____________________ (Adjektiv 2) machen kannst. Und dann geht es zum Gassigehen in den Park, wo dein Freund Jagd auf die ____________________ (Haustier) anderer Spaziergänger machen darf.

WORTVORRAT

#22

Adjektiv 1: ______________________

Verb 1: ______________________

Zahl 1 (größer 1): ______________________

Lebewesen: (der) ______________________

Nomen 1: (die) ______________________

Gebäude: (der) ______________________

Kleidungsstück: (der) ______________________

Nomen 2 (Mehrzahl): ______________________

Nomen 3: (das) ______________________

Adjektiv 2: ______________________

Nomen 4: (der) ______________________

Verb 2: ______________________

Teil der Hand: (der) ______________________

Verb 3: ______________________

Verb 4: ______________________

Beleidigung: ______________________

Nomen 5: (das) ______________________

Zahl 2 (größer 1): ______________________

#22

FÜHRERSCHEINPRÜFUNG FÜR HEXENBESEN

Frage 1:

Wie ____________ (Adjektiv 1) dürfen Sie mit Ihrem Hexenbesen ____________ (Verb 1) ?

a) ____________ (Zahl 1) Stundenkilometer

b) wie ein fußkranker ____________ (Lebewesen)

c) bis ganz hinauf zur ____________ (Nomen 1) vom ____________ (Gebäude)

Frage 2:

Müssen Sie Schutzkleidung tragen? !?

a) Ja, einen stabilen ____________ (Kleidungsstück) und dicke ____________ (Nomen 2) .

b) Nur, wenn schlechtes ____________ (Nomen 3) angesagt ist.

c) Nein, man muss immer vollständig ____________ (Adjektiv 2) sein.

Frage 3:

Wie verhalten Sie sich, wenn Sie auf einen langsameren ____________ (Nomen 4) treffen?

a) Ich darf ____________ (Verb 2) und zeige dem anderen dabei den ____________ (Teil der Hand) .

b) Ich muss sofort ____________ (Verb 3) und den anderen widerspruchslos ____________ (Verb 4) lassen.

c) Ich schreie laut: „ ____________ (Beleidigung) !“ und trete voll aufs ____________ (Nomen 5) .

Wichtig: Der Führerschein wird nur bei ____________ (Zahl 2) oder mehr richtigen Antworten erteilt. Viel Erfolg!

WORTVORRAT

#23

Nomen 1: (das) ____________________

Nomen 2 (Mehrzahl): ____________________

Nomen 3: (das) ____________________

Nomen 4: (die) ____________________

Nomen 5: (die) ____________________

Tier 1: (das) ____________________

Verb 1: ____________________

Nomen 6 (Mehrzahl): ____________________

Verb 2: (er/sie/es) ____________________

Verb 3: ____________________

Adjektiv: ____________________

Tier 2 (Mehrzahl): ____________________

Nomen 7 (Mehrzahl): ____________________

Nomen 8 (Mehrzahl): ____________________

Nomen 9 (Mehrzahl): ____________________

Körperteil: (der) ____________________

#23

EIN SPIEL EROBERT DIE WELT

Vor nicht allzu langer Zeit trat ein neues Handy-__________ (Nomen 1) einen unglaublichen Siegeszug um die Welt an. Für Millionen __________ (Nomen 2) gab es in ihrer Freizeit nichts anderes mehr als *Pokémon GO*! Um zu spielen, benötigt man nur ein __________ (Nomen 3) und eine ausreichend gute Netz-__________ (Nomen 4), dann kann es losgehen. Der Spieler beobachtet zunächst durch die __________ (Nomen 5) des Geräts seine Umgebung. Sobald der Bildschirm ihm ein __________ (Tier 1) anzeigt, muss er versuchen, dieses zu __________ (Verb 1). Dazu steht ihm eine begrenzte Anzahl __________ (Nomen 6) zur Verfügung, die er auf seine Beute werfen kann. __________ (Verb 2) er, kann er das Tier fangen. Das erbeutete Geschöpf lässt sich anschließend __________ (Verb 3), bis es __________ (Adjektiv) genug ist, um gegen die __________ (Tier 2) von Freunden anzutreten.

Viele Menschen waren von diesem Spiel so fasziniert, dass sie alles um sich herum vergaßen, sich nicht mehr um ihre __________ (Nomen 7) oder __________ (Nomen 8) kümmerten. Andere stolperten beim Spielen gegen irgendwelche __________ (Nomen 9) und stießen sich den __________ (Körperteil). Autsch!

WORTVORRAT

#24

Tier 1:	(der o. das)	____________
Teil eines Tiers (Mehrzahl):		____________
Verb 1:		____________
Verb 2:		____________
Nomen 1:	(der)	____________
Adjektiv 1:		____________
Ort:	(der)	____________
Farbe:		____________
Körperteil 1 (Mehrzahl):		____________
Adjektiv 2:		____________
Nomen 2:	(die)	____________
erfundenes Wort:		____________
Geräusch:	(das)	____________
Tier 2:	(das)	____________
Nomen 3 (Mehrzahl):		____________
Nomen 4:	(die)	____________
Körperteil 2 (Mehrzahl):		____________
Element:		____________
leckeres Gericht:		____________

#24

AUS DEM „LEXIKON DER ZAUBERWESEN“

Eine **ELFE** ist ein zierliches Geschöpf, nicht größer als ein ________________ (Tier 1). Auf dem Rücken trägt sie zwei ________________ (Teil eines Tiers), mit denen sie höchst elegant ________________ (Verb 1) kann. Die meisten Elfen können außerdem ________________ (Verb 2), ihr magischer Glitzer-________________ (Nomen 1) ist landauf, landab ________________ (Adjektiv 1).

GNOME leben gern zurückgezogen, z. B. in einem ________________ (Ort). Man erkennt sie leicht: Ihre Haut ist von einem tiefen ________________ (Farbe), ihre ________________ (Körperteil 1) lang und ausgesprochen ________________ (Adjektiv 2). Manche Gnome beherrschen ebenfalls die Kunst der ________________ (Nomen 2), allerdings treiben sie damit gern allerlei Schabernack. Hört man irgendwo ein „ ________________ (erfundenes Wort) “ (ihr liebstes Zauberwort), gefolgt von einem schrillen ________________ (Geräusch), geht man lieber rasch in Deckung – es sei denn, man möchte in ein ________________ (Tier 2) verwandelt werden oder plötzlich überall auf dem Körper bunte ________________ (Nomen 3) haben.

DRACHEN sind fraglos die bekanntesten und gefährlichsten aller Zauberwesen. Es gibt sie in jeder Größe und ________________ (Nomen 4), manche haben ________________ (Körperteil 2), andere nicht. Die meisten Drachen können ________________ (Element) spucken, weswegen schon manch tapferer Drachentöter sein Leben als ________________ (leckeres Gericht) beendet hat.

WORTVORRAT

#25

Gebäude (Mehrzahl): ____________________

Tier 1 (Mehrzahl): ____________________

erfundenes Wort: ____________________

männlicher Prominenter: ____________________

Beruf: (der) ____________________

Nomen 1: (das) ____________________

Nomen 2: (das) ____________________

Stadt: ____________________

Zahl 1 (größer 1): ____________________

Adjektiv 1: ____________________

Farbe: ____________________

Zahl 2 (größer 1): ____________________

weiblicher Prominenter 1: ____________________

Land: ____________________

Tier 2 (Mehrzahl): ____________________

weibl. Verwandte: ____________________

weiblicher Prominenter 2: ____________________

Adjektiv 2: ____________________

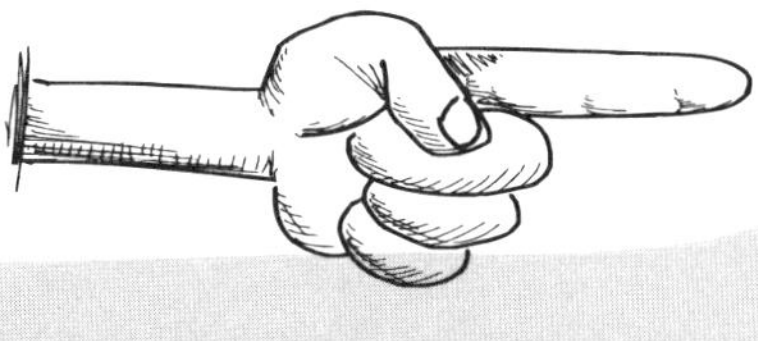

#25

DER NEUE BLOCKBUSTER

Ein neuer Actionfilm kommt in die ____________________ (Gebäude). Er heißt „Riesen-____________________ (Tier 1) vom Planeten ____________________ (erfundenes Wort) greifen an!“. Die männliche Hauptrolle spielt ____________________ (männl. Prominenter). Er verkörpert einen ____________________ (Beruf), der mit seinem ____________________ (Nomen 1) den Sternenhimmel absucht. Eines Nachts bemerkt er ein riesiges ____________________ (Nomen 2), das auf die Erde zurast. Es gelingt ihm noch, die Behörden zu warnen, dann landet das Objekt in der Nähe von ____________________ (Stadt). Heraus steigen ____________________ (Zahl 1) absonderliche Wesen. Sie sind ungefähr so ____________________ (Adjektiv 1) wie Menschen, aber ihre Haut ist von einem grellen ____________________ (Farbe). Außerdem sind sie ____________________ (Zahl 2) Meter groß! Unter der Leitung ihres Anführers, gespielt von ____________________ (weibl. Prominenter 1), zerstören die Fremden zuerst die Stadt, dann den Rest von ____________________ (Land). In letzter Minute gelingt es der Menschheit, 10.000 riesige Robot-____________________ (Tier 2) zu bauen. In einer gewaltigen Schlacht besiegen diese die Angreifer. Der Hauptdarsteller, der die Gefahr als Erster bemerkt hatte, darf die ____________________ (weibl. Verwandte) des Bürgermeisters heiraten, gespielt von ____________________ (weibl. Prominenter 2). Die beiden leben ____________________ (Adjektiv 2) zusammen bis an ihr Ende.

Das war's?

Schon alle Wortvorratslisten ausgefüllt,
aber du willst den Spaß mit anderen,
noch verrückteren Wörtern wiederholen?

WWW.VERRUECKTE-LUECKEN.DE

Hier findest du alle Wortvorratslisten.
Einfach auf Download, ausdrucken und
es heißt von Neuem:

AUSFÜLLEN – VORLESEN – ABLACHEN

VERRÜCKTE LÜCKEN

AUSFÜLLEN – VORLESEN – ABLACHEN

VERRÜCKTE LÜCKEN ist ein durchgedrehtes, ganz und gar unsinniges Textspiel, das man allein oder zusammen mit Freunden spielen kann.

DU BRAUCHST NOCH MEHR ABGEDREHTE GESCHICHTEN?

KEIN PROBLEM!

ISBN: 978-3-7432-0152-1

ISBN: 978-3-7432-0153-8

ISBN: 978-3-7432-0155-2

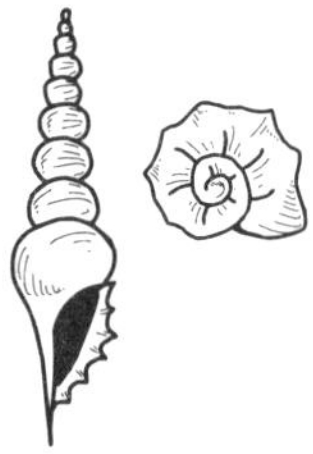

ISBN: 978-3-7432-0156-9

ISBN: 978-3-7432-0157-6

ISBN: 978-3-7432-0158-3

ISBN: 978-3-7432-0159-0

Loewe

Das will ich lesen!

FSC
www.fsc.org
MIX
Papier aus verantwortungsvollen Quellen
FSC® C109273

ISBN 978-3-7432-0154-5
2. Auflage 2019

Texte von Jens Schumacher
Umschlag- und Innenillustrationen: Michael Ludwig Dietrich
Umschlagfoto: © NextMars Photography/Shutterstock.com
Umschlaggestaltung: Michael Ludwig Dietrich
Printed in the EU

WWW.LOEWE-VERLAG.DE